EXPLICATION

DES OUVRAGES

DE PEINTURE

ET SCULPTURE,

EXPOSÉS AU PROFIT

De la Caisse ouverte pour l'Extinction
de la Mendicité.

Galerie Lebrun.

Prix : 1 Franc.

DE L'IMPRIMERIE DE A. CONIAM,
RUE DE FAUBOURG MONTMARTRE, N°. 4.

1829.

M. ALLAUX.

1. Deux Dessins à la mine de plomb.

M. ALIGNY,

Rue du Grand Chantier, n. 2.

2. Vue de la Madone de Quintilio, à Tivoli, près Rome.

M. ANSIAUX,

Rue Serpente, n. 16.

3. Vénus apparaissant à Adonis.

M. BORDES,

Rue St.-Marc-Feydeau, n. 21.

4. Portrait à l'aquarelle de madame la comtesse de Dryatinska et sa fille.

M. BREMOND,

Rue d'Enfer, n. 25.

5. Jeune fille au tombeau de sa mère.
6. Des marchands d'esclaves.

M. BOURGEOIS (Amédée).

7. Un intérieur ; vue prise du mont Aventin : on aperçoit dans le fond le couvent de St. Jean , et Paul à Rome.
8. Le chasseur et son chien.

M. BRUYÈRES (Hypolite),

Rue du Bouloy , n. 19.

9. Bernard Palissy , naturaliste du 16ᵉ. siècle , inventa et porta à sa perfection l'art d'émailler la faïence : pendant les quinze années qu'il employa à des essais que la pauvreté rendait très-pénible , il était sans cesse en butte aux tracasseries de sa femme , de ses créanciers et de ses voisins.

M. BAZIN.

10. François Iᵉʳ. recevant Charles-Quint. Dessin d'après le tableau de M. le baron Gros , qui orne la basilique de St.-Denis.

Mlle. BARSAC,

Rue Saint-Martin, n. 221.

11. Une jeune fille recevant les caresses de sa mère.

M. BASSAGET,

Rue des Enfans-Rouges, n. 2.

12. Suzanne et les vieillards.

13. Pétrarque et Laure à Vaucluse.

Mlle. BARSAC (Zulime).

14. Deux marines; l'une représentant le port de Brest, vu du magasin des vins.

15. Le Port-au-Prince dans l'île de St.-Domingue, vu du mouillage.

M. BARBIER.

16. Vue souterraine d'une cuisine de cloître.

M. COURT,

Rue de Sèvres, n. 11.

17. La grotte de la sibylle, à Tivoli.

18. Une dame apportant des secours à une pauvre malade.

19. Portrait de Mlle. Mimi Dupuis, dans le rôle de la Somnambule, à l'Opéra.

20. Un capucin trouve un enfant à la porte d'un couvent.

21. La grotte de Pausilippe, à Naples.

M. CAZATI,

Rue de Marivaux, n. 13.

22. Une marine.

M. CIBOT,

Rue Geoffroy-L'Angevin, n. 7.

23. Une étude de femme (la Confiance).

M. COGNIET (Léon),

Rue Grange aux Belles, n. 9.

24. Le massacre des innocens.

25. Un jeune faune tenant son enfant par la main ; costume italien.

(Ce dessin à la sépia appartient à M. Chavans).

Mlle. COGNIET (Amélie).

26. Intérieur de cuisine.

27. Intérieur d'atelier.

M. CHABANNE,

Rue du Mail, n. 25.

28. Portrait de l'auteur.

29. Portrait de Mme. de ***.

(Miniature).

M. CALLET.

30. Grotte de Burley.

31. La curiosité.

M. COEURÉ,

Rue du Faubourg-Poissonnière, n. 41.

32. La mort de Turenne.

> Le même boulet qui priva la France de Turenne ayant emporté le bras du général d'artillerie St.-Hilaire, son fils accourut tout en pleurs pour le secourir : gardez vos larmes pour ce grand homme, mon fils, lui dit-il, c'est lui que nous devons éternellement pleurer.

M. CHAMPMARTIN,

Rue de Clichy, n. 70.

33. Arabes de Syrie.

DAVID (L.).

34. Marat expirant au moment où il vient d'être assassiné par Charlotte Corday.

35. Mars désarmé par Vénus, tableau peint par l'auteur à l'âge de 77 ans.

36. Le couronnement : dessin exécuté par M. Marchais, d'après David, et sous sa direction.

(Ces tableaux appartiennent à la famille David).

37. Iphigénie conduite au sacrifice.

38. Le couronnement, dessin exécuté par M. Marchais, d'après David et sous sa direction.

39. Le serment du jeu de paume.

(Ce dessin appartient à M. Eugène David).

40. La distribution des aigles.

(Dessin).

41. Vénus venant se plaindre à Jupiter de la blessure que lui a fait Diomède.

(Dessin).

M. DALTON (E.),

Rue Gaudot-Mauroy, n. 33.

42. Un paysage.

M. DEGEORGE,

Rue Mesléc, n. 22.

43. La petite glaneuse auvergnate.

M. DELACROIX (E.).

44. Sujet tiré d'une ballade du poëte écossais Burns.

> Tam O' Shonter, en passant tard près d'une église abandonnée, est poursuivi par des sorciers qui y faisaient le sabbat. Sur le point de franchir un petit pont au-delà duquel il ne pouvait plus être suivi, une des sorcières prend la queue de la pauvre jument qui la lui laisse en manière de trophée ; trop heureuse d'en être quitte à si bon marché.

M. DURUPT,

Rue de Fustemberg, n. 8 bis.

45. Prince noir avec sa favorite.

DROLLING.

46. La marchande d'oranges.

47. Le marchand de mouchoirs.

(Ces deux tableaux appartiennent à **M.** le duc de Bassano.)

M. DEFLUBÉ,

Rue d'Orléans, n. 7.

48. Étude faite à Pierre-Fonds.

M. DECAMPS,

Faubourg Saint-Denis, n. 109.

49. Femme turque allant puiser à une fontaine.

(Ce tableau appartient à Madame Hulin.)

M. DABOS,

Rue Meslée, n. 58 bis.

50. Philosophe grec méditant sur l'ancienne splendeur de sa patrie.

M. DUPONT (Alphonse),

Rue de Verneuil, n. 29.

51. Étude d'après nature, à Frascati.

(11)

52. Étude prise à Palerme, en Sicile.
53. Vue de la campagne de Naples, prise
des hauteurs de Cumes.

DEMARNE.

54. Foire de Guibray.
55. Scène d'intérieur.

(Ce tableau appartient à M. Fossard.)

M. DEVOUGE,

Rue du Colombier, n. 21.

56. Missolonghy.

Les Grecs, dans la défense de Missolonghy, certains de périr, marchèrent au com-
bat; ils furent malheureux. Les noms des
chefs qui ont figuré dans cette affaire sont
Botzaris, Canaris, le jeune Blocaris et la
superbe Movrogenie, parée de la Bannière
Sainte; elle fut l'exemple du courage; les
prélats, l'évêque Joseph et les diacres, tout
périt près de l'autel.

Mlle. D'HERVILLY,

A l'Abbaye Saint-Germain.

57. Une jeune paysanne donnant à man-
ger à son chien.

58. Un Grec en embuscade dans les rochers et faisant la prière.

M. DREUILLE (A.),

Rue Montorgueil, n. 33.

59. Les soins filials.

M. DECAISNE,

Rue Saint-Lazare, n. 32.

60. Portrait de madame de M... avec son enfant.

61. Portrait de madame de H...

62. Ninon et Lachâtre.

DROUAIS.

63. Premier tableau du concours de cet artiste, l'année qui a précédé le triomphe qui l'a conduit à Rome.

Se trompant sur son mérite, ou voulant faire mieux, il le creva et en emporta un morceau à la veille du jugement.

Le mérite de ces débris fut reconnu tel, que l'académie, empêchée par les réglemens de donner le prix à Drouais après une telle faute, ne voulut décerner aux autres concurrens qu'un second prix, et lui tint en réserve pour l'année suivante la couronne qu'il avait méritée, mais repoussée par la sévérité avec laquelle il s'était jugé lui-même. La famille a fait restaurer ce tableau en laissant toutefois reconnaître les mutilations dont Drouais est l'auteur.

M. DARONDEAU (STANISLAS).

Rue d'Orléans, n. 10, au Marais.

64. Sujet tiré de la *Fiancée de Lammermoor*.

M. DEMAHIS,

Rue des Filles-du-Calvaire, n. 6.

65. L'hiver, ou Ioung écrivant ses nuits.

Il se servait, en guise de lampe, d'une tête de mort que le duc de Grafton lui avait envoyée.

66. L'automne, ou Millevoye écrivant la chute des feuilles.

Tombe, tombe, feuille éphémère,
Voile aux yeux ce triste chemin,
Cache au désespoir de ma mère,
La place où je serai demain.

Personne n'ignore que Millevoye, lorsqu'il écrivit ces vers, savait qu'il était condamné par les médecins.

M. DUPRÉ,

Rue Cassette, n. 23.

67. Les héros philellènes.

Grec arborant son étendard sur les murs de Salone, le jour de Pâques, l'année 1821. Un autre Grec, son compagnon de gloire, tombe, et mourant, serre son drapeau sur sa poitrine.

68. Un Grec, chef actuel des Maïnotes.

69. Jeune Grec d'Hydra, dont le frère fut tué à la défense de Navarin.

M. DUBOIS (Th.),

Rue des Martyrs, n. 16.

70. Vue prise au Havre.

Elle représente les deux phares.

71. Vue prise à Dieppe au soleil levant.

M. DELAVAL,

Rue de Courcelles, n. 16.

72. Kan-Gao, l'un des Chinois amenés à Paris, en 1821, par le capitaine de vaisseau Philibert.

Le portrait, les vêtemens et tous les ac-
cessoires, sont faits d'après nature.

La vue des côtes est conforme aux dessins
relevés sur les lieux par l'un des officiers
de l'expédition.

(Ce tableau est peint, dans tous ses détails,
avec des couleurs de la Chine.)

M. DUPRESSOIR.

73. Paysages.

M. DABOS,

Rue Meslée, n. 58 bis.

74. Les derniers instans de Milton, soi-
gné par Débora, l'une de ses filles.

M. FRÉDÉRIC,

Rue des Beaux-Arts, n. 3.

75. La vue de Dezenzano, sur le lac de
Garde.

76. Vue d'un canal à Venise.

M. FRANQUE,

Rue la Paix, n. 21.

77. La Vierge écrasant la tête du ser-
pent.

(Tableau commandé par le Ministère de l'intérieur.

M. FINART,

Rue du Faubourg-Saint-Denis, n. 73.

78. Un peuple de Calmouks de la grande Tartarie russe.

79. Un cadre renfermant plusieurs sujets orientaux.

M. FLEURY,

Rue des Messageries, n. 4.

80. Intérieur d'une étable.

M. FORBIN (le comte de).

81. Vue d'un lac de Sicile; effet de soleil.

(Ce tableau appartient à M. le duc de Bassano).

M. FOURNIER DE BERVILLE,

Rue J. J. Rousseau, n. 18.

82. Vue du Harem d'Ibrahim Pacha, à Modon, en Grèce.

(Étude d'après nature).

M. FAURE (AMÉDÉE),

Petit passage du Panorama, n. 22.

83. Vue prise en Bretagne.

M. GRANET.

84. Intérieur de sacristie.

M. GARSON ,

Rue de la Corderie , n. 5, au Marais.

85. Portrait de M. D. dans son cabinet.

M. GOYET (J. B.),

Rue de l'Abbaye, n. 3.

86. Héloïse et Abeilard.
87. Le Solo.

M. GOYET (Eugène),

Rue de l'Abbaye, n. 3.

88. Bentz, ermite (forêt noire).

M. GUET ,

Rue du marché St.-Honoré.

89. Le philosophe alchimiste interrompu dans ses méditations.

GREUZE (J. B.).

90. Portrait de Fabre d'Églantine, homme de lettres.

M. GOUREAU,

Rue Hauteville.

91. Divers sujets peints au fixé.

M. GENRET,

Rue du Rocher, n. 7.

92. Étude peinte, composition.
93. Chapelle de la Vierge de l'église de Laye.
94. Une cour, étude.
95. Même sujet.

(Ces trois numéros sont à la sépia).

96. Un dessein à la mine de plomb.

M. GUERARD,

Rue Bourtibourg, n. 21.

97. Vue prise à Allevard, près Grenoble.
98. Effet du soleil couchant.

M. GOMIEN,

Rue d'Hanovre, n. 21.

99. Une miniature.

GERICAULT.

100. Charette de plâtrier.

(Aquarelle).

Mme. DEHERAIN.

101. Scène familière , costumes de Louis XIII.

M. H. (Alexandre).

102. La mort de Zerbin, tiré de l'Arioste.

M. HUBERT,

Rue du Dragon, n. 34.

103. La forêt.

Dessin à la sépia.

(Ce dessin appartient à M. P.)

104. La scierie.

Dessin à la sépia.

(Ce dessin appartient à M. de L.)

Mme. HAUDEBOURT.

105. Le parjure.

Sous l'arbre, où Fabio lui jurant un amour éternel avait gravé le mot *sempre*, Joanna racontait à sa bonne mère comment elle fut abandonnée par l'ingrat auquel elle avait donné son cœur. Elle finissait à peine son récit, qu'elle aperçut sa rivale et le perfide Fabio sortant de la chapelle où ils venaient de recevoir la bénédiction nuptiale.

106.

M. HENRARD,

Rue du Faubourg-Poissonière, n. 102.

107. Vue prise aux environs de Spa.

108. Vue sur l'Ourte près de Liège.

109. Vue prise aux environs de Liège.

M. HEIM.

110. Le massacre des Juifs dans Jérusalem.

Esquisse.

(Ce tableau appartient à M. Rey.)

M. JNGRES.

111. Sujet du premier tableau sur Pierre Arétin, surnommé le fléau des princes.

Charles V, à son retour d'Afrique, lui en-

voya, pour l'engager à se taire, une chaîne
d'or de la valeur de cent ducats : « Voila, dit
le satirique, un bien petit don pour une si
grande sottise ».

112. **Sujet du deuxième tableau.**

L'émulation dégénérée en jalousie avaient
brouillé le Tintoret et le Titien. L'Aretin,
intime ami du dernier, prit son parti et se
déchaîna contre le Tintoret. Celui-ci le ren-
contrant un jour près de sa maison, le pria
d'entrer sous prétexte de lui faire son portrait. A peine le fléau des princes fût-il as-
sis, que le peintre vînt à lui, le pistolet à
la main « Eh! Jacques, s'écria le poète épou-
vanté, que voulez-vous donc faire? Prendre
votre mesure, répondit gravement le Tintoret ; et après l'avoir mesuré, il ajouta du
même ton, vous avez deux de mes pistolets
et demi de haut, et le renvoya.

(Ces deux tableaux appartiennent à M. Révil).

M. JOINVILLE (Edmond).

113. Vue prise à Naples, près le château
de la reine Jeanne.

JOHNSON (capitaine).

114. La tempête. Un navire marchand

passant le fanal d'Eddystone et courant vent au large pour le port de Plymouth.

115. Marée basse un matin, et bateaux de pêcheurs sur le rivage.

(Ce tableau appartient à M. Giroux).

116. Frégate anglaise, battue par la tempête.

117. Le canon de détresse.

M. JOINVILLE (E. D.),

Quai de la Cité, n. 23.

118. Vue de marine à Palerme, soleil levant.

119. Vue de marine à Messine, soleil couchant.

M. JUSTIN,

Rue de Bondy, n. 46.

120. Plusieurs dessins à la sépia.

M. JOHANNOT,

Grande Rue-Verte, n. 36.

121. Scène tirée de *Cinq-Mars*, roman

historique de M. le comte de Vigny.

M. JOLIVARD,

Rue M. Leprince, n. 2.

122. Un paysage.

M. JOHANNOT (Alfred).

123. Sujet tiré de Charles-le-Téméraire.
(Walter-Scott).

M. JOLIVET,

Rue des Saint—Pères, n. 12.

124. La visite du directeur; costumes espagnols.

M. KNIP,

Rue de Varennes, n. 21.

125. Moutons et vaches près des tours de Montfort-la-Maury.

KARPFF (dit Casimir de Colmar).

126. Dessins à l'encre de Chine, et dessins au crayon.

127. Lettre autographe de David.

M. LARIVIÈRE, (Pensionnaire à Rome).

Rue Neuve de la Ferme des Mathurins, n. 9.

128. Figure d'étude.

> Un jeune berger écoute un vieux pâtre, jouant du hautbois.

129. Deux moines en méditation.

> Le plus jeune, en entendant les joies du monde, éprouve un mouvement de désespoir en pensant qu'il y a renoucé pour toujours ; le vieux moine, volcan éteint, est plus résigné. La madoña placée au-dessus de sa tête indique la tranquillité d'une conscience pure.

M. LEPOITEVIN,
Rue Hauteville, n. 33.

130. Henri de Villeneuve dans le cabinet de Charles IX.

Mᴵˡᵉ. LEDUC (Amélie),
Rue du Gros-Chenet, n. 8.

131. Portrait du général Foy, d'après M. Horace Vernet.

132. Portrait d'après M. Hersent.

133. Portrait en pied d'après nature.

> (Ces trois ouvrages sont peints sur porcelaine.)

M. LESAINT.

134. Intérieur de la cathédrale d'A-
miens, prise des marches de l'autel.

M. DELAURENCEL.

135. Avenue de St.-Cloud, parallèle à
celle de Breteuil ; étude d'après
nature.

M. LEFÈVRE (Charles),

Rue du Mail, n. 7.

136. Supérieure de l'hospice de Sainte-
Thérèse ; étude d'après nature.

M. LAURENT,

Cour des Petites-Écuries, n. 2.

137. Une tête de vieillard sur porcelaine, d'après Girodet.

138. Une tête de bacchante sur porcelaine, d'après Greuze.

139. Un portrait d'après Mansion, sur
porcelaine.

2

M. LAURENT (H.),

Cour des Petites-Écuries, n. 2.

140. Un tableau de fleurs peint sur porcelaine, d'après Vanspaendonck.

Mlle. LEBRUN (Eugénie),

Rue Dauphine, n. 33.

141. Scène familière et villageoise.

M. ABEL LORDON,

Rue des Maçons-Sorbonne, n. 1.

142. Jeune fille malade.

LEPRINCE (Xavier).

143 Intérieur d'atelier de peintre.

(Ce tableau appartient à S. A. R. Mgr. le duc
d'Orléans.)

M. CRESPY LEPRINCE,

Rue de Vaugirard, n. 36.

144. Serment au tombeau de Thémis-
tocle.
145. La dernière scène du Mariage de
raison.

M. L'ÉPAULE,

Rue des Petites-Ecuries, n. 38.

146. Portrait en pied de M. Dupin, député.

147. Une vue de Caen.

148. Une vue de Granville.

149. Étude de Normande.

M. LANGLOIS.

150. Bataille de Wagram.

151. Bataille de la Moskowa.

M. LAMOTTE,

Rue des Boulangers, n. 13.

152. Le geais d'Europe.

153. Un perroquet.

LANTARA.

154. Un paysage.

(Ce tableau appartient à M. Mainnemarre).

M. LAPITO.

155. Vallée d'Obershale en Suisse.

156. Cudénalbia. Lac de Côme.

157. Un paysage.

M. MOENCH,

Rue Boucherat, n. 17.

158. Borée enlevant Orithie.

159. Étude de rochers sur le bord de la Méditerranée.

M. MORET.

Boulevard St.-Antoine, n. 69.

160. Les quatre heures du jour, dessins au crayon sur papier teinté.

MICHALLON.

161. Vue d'après nature du Wetterhorn dans l'Interwald en Suisse. C'est le seul tableau que Michallon ait fait de ce pays.

(Ce tableau appartient à M. Révil).

162. La mort de Rolland; réduction du tableau exposé au Musée Royal.

(Ce tableau appartient à M. Léon Cogniet).

M. MONVOISIN.

163. Paysan italien reprochant à sa maîtresse d'avoir reçu un bouquet d'un étranger ; il est sur le point de la poignarder.   Aquarelle.

(Ce dessin appartient à M. Chavant).

164. Nymphe se disposant à entrer au bain.

M. MASSÉ,

Rue Vivienne, n. 8.

165. Deux femmes de l'île Ischia.

M. MEYNIER.

166. Les Français dans l'île de Lobau reconnaissent leur général qu'ils croyaient perdu ; l'apercevant, ils oublient alors leurs blessures ; et s'élançant des mains des médecins qui les pansaient, ils se livrent à l'espoir que leur inspirent sa présence et la promesse qu'il leur fait de courir les venger.

Esquisse d'un grand tableau commandé pour le palais du Luxembourg. Il a été exposé

plusieurs années dans le palais du Luxembourg et au salon de 1811.

167. Vue du pont en Royans, (en Dauphiné).

168. Vue de Voreppe, (Dauphiné).

M. MOZIN (Ch.),

Rue Hauteville, n. 39.

169. Vue de la plage et du fort d'Odres-
sel, à la marée montante.

170. Vue de la Seine, près du pont du
jardin du Roi ; effet de soleil après
la pluie.

171. Vue prise à l'embouchure de la
Seine ; des barques de pêcheurs
de Villerville, chassées par un
gros temps, abordent des bâti-
mens à l'ancre en cherchant à
rentrer dans le port d'Honfleur.

M. MEUNIER,

Rue Saint-Pierre, à Chaillot.

172. Intérieur de l'église du couvent de
St.-Pierre, à Subiaco.

M. NAIGEON, Fils.

173. **Antigone donnant la sépulture à Polynice.**

Créon avait défendu, sous peine de mort, de donner la sépulture à Polynice.

« Vers le milieu du jour, au travers
» d'un tourbillon de poussière causé par
» un ouragan, des gardes, appostés par
» Créon pour veiller sur le cadavre, aper-
» çurent Antigone faisant des libations sur
» le corps de Polynice et se préparant à le
» couvrir de terre ; ils s'emparèrent d'elle
» et la conduisirent à Créon ».

Le moment représenté par le peintre est celui où les soldats accourus la surprennent dans cet acte de piété.

Mme. PAGÈS,

Rue de l'Abbaye, n. 5.

174. **La pauvre Fille.**

. . . .

Rien ne m'appartient sur la terre,
Je n'eus pas même de berceau,
Et je suis un enfant trouvé sur une pierre
Devant l'église du hameau.

. . . .

J'ai pleuré quatorze printemps
Loin des bras qui m'ont repoussée;
Adieu, ma mère, je t'attends
Sur la pierre où tu m'as laissée.

ALEX. SOUMET.

175. Portrait de madame L.

Mlle. PENAVERT,

Rue du Faub. St.–Denis, n. 111.

176. Le tonnelier.

(Ce tableau appartient à M. Dusomerard).

M. GUERIN (PAULIN),

Rue du Mont – Thabord, n. 4.

177. La sainte Famille attristée par le pressentiment de la passion du Sauveur.

Jésus enfant, endormi sur le sein de sa mère, voit en songe un nuage qui lui présente le calice d'amertume, et lui montre la croix sur laquelle il doit consommer son sacrifice. A cet aspect, la douleur s'empare de son âme et des larmes coulent de ses yeux. La sainte Vierge, que l'expression de souffrance de l'enfant Dieu a pénétrée de tristesse et de crainte, fléchit le genoux et prie comme pour préserver son divin fils des

maux qu'elle pressent. Saint Joseph, pré-
voyant aussi l'avenir douloureux de la Passion, participe avec résignation et patience à
cette scène d'affliction anticipée.

M. PERNOT,

Rue Saint-Honoré , n. 333.

178. Vue prise à Ste.-Marie, aux Mines,
département du Haut-Rhin.

M. PETIT,

Rue Neuve Saint-Martin, n. 11.

179. Vue intérieure de la cathédrale de
Paris, prise au bas de l'église, sous
la tour méridionale.

180.

M. PEROT,

Rue des Messageries, n. 4.

181. Vue du Pont-Neuf, à Paris.

M. PELICOT,

Quai Malaquais, n. 13.

182. Le marquis de La Châtre remercie
Ninon de l'Enclos du billet de fi-
délité qu'il vient d'obtenir d'elle.

2 *

M. PRÉVOST (Constantin).

183. Épisode de la vie de Louis XVI et de Marie-Antoinette.

M. PONCE-LE-CAMUS.

Rue de Bretonvilliers, n. 3, île Saint-Louis.

184. La mort de Jacques Delille.

Il est exposé sur un lit de parade après avoir été embaumé, dans une des salles du collége de France. L'instant choisi est celui où Girodet, un de nos plus célèbres peintres, est occupé à la lueur d'un flambeau à recueillir les traits de ce grand poëte. L'abbé Lagrenée (fils de l'ancien membre de l'Académie de peinture), lit des prières ; l'auteur est témoin de la scène.

PRUDHON.

185. Esquisse d'un plafond.

186. Portrait de M. Lavallée, ancien secrétaire du Musée.

PAU DE SAINT-MARTIN.

186 *bis.* Un paysage.

187. Ruine du château de Pierrefonds.

188. Vue du pont de Sassenage, en Dau-
    phiné.

189. Un paysage.

M. PINCHON,

Rue des Deux-Portes-Saint-Sauveur.

190. Portrait de M. Firmin, acteur du
    théâtre Français.

Mlle. ROBERT (Fanny S. M.)

Rue de l'Université, n. 113.

191. Portrait de M. Paulmier, institu-
    teur des Sourds-Muets.

(Dessin.)

192. Tête de vierge.

(Dessin.)

M. RABOUIN.

193. Vue de la Grève et de la jetée du
    Havre prise à mi-côte des phares.

M. REMY,

Vieille rue du Temple , n. 13o.

194. Vue des ruines d'une ancienne cha
pelle.

M. ROQUEPLAN,

Petit Passage des Panoramas, n. 22.

195. Une diligence surprise par la marée en Basse-Bretagne.

M. ROGER, (à Rome).

196. Course de chevaux , à Rome.

197. Scène de naufragés.

198. Autre scène de naufrage.

199. Scène de brigands.

M. RENOUX,

Rue Martel, n. 12.

200. Frondebeuf menaçant Isaac d'Yorck
de la question pour lui faire payer
une forte rançon. Sujet tiré d'Y-
vanhoé.

M. RAVERAT,

Rue des Vinaigriers, n. 17.

201. L'amour adolescent.

M. ROEHN (Fils).

Rue de Grenelle St.–Germain, n. 59.

202. Robert Étienne présentant une édition de la Bible à François Ier.

M. RICOIS.

203. Vue du château de Courtanvaux prise de l'arrivée. (Département de la Sarthe).

(Ce tableau appartient à M. le comte de Montesquieu, pair de France).

204. Vue intérieur de la cour du château à Châteaudun. (Eure et Loire).

M. REGNIER,

Place des Messageries, n. 6.

205. Deux études d'après nature, peintes à Thières. (Puy-de-Dôme).

206. Deux paysages ; vue d'Auvergne.

(Ces deux tableaux appartiennent à M. Bréant).

207. Petite chapelle Saint-Paul (à Rouen).

208. Effet d'orage. Vue prise dans la plaine St.-Denis.

Mlle. SARRAZIN DE BELMONT.

209. Vue du château de Villeneuve ; l'étang appartenant à S. A. R. Madame la Dauphine.

(Ce tableau appartient à S. A. R.)

M. SEREC,

Rue Neuve des Maturins, n. 40.

210. Le portrait d'Arnaut, d'après Philippe de Champaigne.

(Miniature).

211. Portrait de M. C.

(Miniature).

M. STORELLI,

Rue Saint-Honoré, n. 387.

212. Vue de la Cascade du pont d'Espagne, près Cauterets.

M. SIBRON,

213. Vue d'un moulin, à Montmartre.

214. **Place publique.**

(Aquarelle).

M. SMARGIASSI,

Rue Neuve Saint - Georges , n. 4.

215. **Vue de Castellamare, près de Na-**
ples.

(Ce tableau appartient à Mad. la duchesse d'Orléans).

M. SUZET (P.),

Rue Saint - Sauveur , n. 17.

216. **Shakespeare.**

Beaucoup de bruit pour rien, acte 3, scène
1re. — HÉRO, URSULE; BÉATRICE cachée
dans le bosquet.

M. STÉPHANOF.

216. **Un tournoi d'Ivanhoé.**

Aquarelle.

(Ce dessin appartient à M. le comte de Noé).

M. SIGALON.

218. **La déclaration.**

Dessin à la sépia.

(Ce dessin appartient à M. Chavant).

M. STEUBE,

Rue Hautcfeuille, n. 30.

219. La jeunesse de Voltaire. Ninon lui faisant don de sa bibliothéque.

220. Jeunesse de Rousseau; il remet une lettre à madame de Varins.

M. THÉNOT,

Rue de Ménard, n. 12.

221. Paysage composé.

Aquarelle.

(Ce dessin appartient à M. Bruzard)

222. La surprise. Intérieur de cave.

Aquarelle.

223. Une entrée de cloître.

Aquarelle.

M. DE TRIQUETI.

Rue des Petits-Augustins , n. 5.

224. Condamnation de Galilée.

En 1663, Galiléé, âgé de 70 ans, fut condamné par l'inquisition de Rome à faire amende honorable et abjurer sur l'évangile son système du mouvement de la terre. Après avoir prêté ce serment à genoux, au moment de se relever, tourmenté par sa conviction intérieure, il dit, les yeux baissés vers la terre en se frappant du pied, *e pur si muore*, et cependant elle tourne.

M. THÉRON ,

Rue d'Assas , n. 5.

225. Gil-Blas malade et prisonnier dans la tour de Légorie, reçoit la visite de Scipion son domestique.

M. ETEX (Tony).

Rue Furstemberg , n. 8.

226. Jeune fille au bain.

Mme. VERDÉ-DELISLE ,

Rue de Rochechouart , n. 7.

227. Marie Stuart, malade et enfermée dans le château de Lockeleven ; elle est entourée de ses femmes qui cherchent à la distraire en faisant de la musique.

M. VIGNÉ,

Rue du Sentier, n. 18.

228. François Ier.

229. Henri IV.

> Peintures sur verre dessinées à la chapelle de Rosny, et commandées par S. A. R. Madame la duchesse de Berri.

M. HORACE-VERNET.

230. Cheval sauvage attaqué par des loups.

M. SIRIAQUE (Valéry de).

231. Saint Michel trouve la Discorde dans un couvent où il était allé chercher le silence, et l'emporte pour la jeter dans le camp d'Agrament.

(Sujet tiré de l'Arioste, chant 27.)

Traduction.

Rapide, il vole et du Ciel redescend
Au monastère où, soufflant le scandale,
Il avait vu la déesse infernale.
Dans le chapitre, il la voit présidant

Au nouveau choix d'officiers du couvent,
Et s'amusant à regarder les frères
Qui, furieux, se lançaient leurs bréviaires.
Par les cheveux, l'archange les saisit,
Et brusquement interrompant la fête,
Des pieds, des poings d'abord il l'assaillit;
Puis à grands coups, sur les reins, sur la tête,
Met en morceaux le manche d'une croix.
Criant merci, son effroyable voix,
A, du saint lieu, fait retentir la voûte.

M. WAPPERS.

232. Vandyck et sa maîtresse.

M. VALLON DE VILLENEUVE,

Quai d'Orsay, n. 3.

233. Une jeune fille se met à l'abri sous
un rocher pour se garantir de l'o-
rage.

Transparent par CARMONTEL.

234. Auteur des proverbes de Société et
peintre amateur,

Carmontel était recherché et fêté dans
toutes le maisons où le mérite et le talent
étaient accueillis; les personnes, dont les
campagnes étaient spacieuses, l'engageaient
à y venir passer la belle saison; il prenait

les vues les plus pittoresques de chacune de
ces maisons, les réunissait et en composait
une suite de paysages qu'il peignait sur papier transparent ; il fut un temps où la mode
qui admettait cette sorte de récréation don-
nait lieu à des réunions de société fort agréa-
bles.

M. GAYRARD,

Au Palais de l'Institut.

235. Apollon couronnant l'étude.

M. DESBOEUFS,

Rue de la Bienfaisance, n. 4.

236. Une jeune vierge de Sparte, figure en marbre.

M. ***.

237. Buste de Mme. Angelica-Catalani.

(Ce buste appartient à M. de Valabregues.)

M. BOUGRON,

Rue des Fossés du Temple, 14.

238. Omphale en Hercule.

SUPPLÉMENT.

M. BELLANGÉ.

239. Un fumeur.

M. DELAROCHE (Paul).

240. Deux enfans surpris par l'orage.
(Ce tableau appartient à M. Coutant).

DEMARNE.

241. La naissance d'Henri IV.
(Ce tableau appartient à M. Fossard).

M. GENRET.

242. Intérieur d'église.

M. FRANCIS.
Rue Gaillon, n. 23.

243. Une forge de maréchal ferrant.

244. Une chienne épagneule allaitant ses petits.

245. Deux chiens anglais à l'arrêt.

246. Un cheval saigné.
(Ce tableau appartient à M. de la Villette.)

M. GRANET.

247. Tentation de Saint-Antoine.

(Ce tableau appartient à **M. Coutant.**)

M. GASSIES,

Rue des Martyrs, passage Breda.

248. Une plage déserte; effet de soleil couchant.

249. La jetée de Calais.

250. Une jeune pêcheuse a retrouvé le chapeau de son mari après un naufrage.

251. Jeune pêcheuse attendant le retour de son mari.

252. Un brouillard; effet de soleil levant.

Mme. HAUDEBOURT.

253. Diane de Poitiers, venant demander à François Ier. la grâce de son père.

(Ce tableau appartient à **M. Fossart.**)

M. JOLY.

Rue Jean-Goujeon, place François Ier.

254. Vue d'une des galeries du Simplon.

255. Pont du Diable, en Savoye.

LANTARA.

256. Paysage à effet de soleil couchant. Les figures sont peintes par M. Taunay.

    (Ce tableau appartient à M. Mainnemare.)

M. LEPRINCE (Léopold).

257. Paysage avec figures et animaux.
257 *bis*. Vue d'une chaumière.

M. LEPRINCE (Gustave).

258. Fête au village.
259. Moulin à eau.

M. LAURENT.

260. Conte de Peau-d'âne.

    (Ce tableau appartient à M. Fossard,)

M. ROGER (à Rome).

261. Famille de pêcheurs napolitains.
262. Femme de la campagne de Rome s'apprêtant à venger la mort de son mari.

M. RICHARD.

263. Un militaire français dans l'intérieur de la chambre de Bayard.
(Ce tableau appartient à M. Fossard.

SWÉBACK.

264. Fête militaire dans une halte.
265. Marche d'armée.
(Ces deux tableaux appartiennent à M. Fossard.)

M. SCHENETZ (à Rome).

266. Jeune femme avec son enfant.

M. JOANNOT (Thony.)

267. Pacha avec une odalisque.

M. VAFLARD.

268. Portrait de M. Mély Jeannin, lit-
térateur.
269. L'adieu. Tête d'étude.

M. DE CYPIÈRE.

270. Un ours blanc déterrant un matelot.

PAR UN ÉLÈVE DE DAVID.

271. Ugolin condamné à mourir de faim
avec ses enfans.

www.ingramcontent.com/pod-product-compliance
Lightning Source LLC
LaVergne TN
LVHW011400170726
843501LV00006B/1931